MW01436597

99 DOUA'S

POUR LE SUCCÈS, LA SANTÉ ET LA CROISSANCE SPIRITUELLE

Supplications islamiques pour la vie quotidienne

SALAH MOUJAHED
salah@muslimnotebooks.com

TABLE DES MATIÈRES

TABLE DES MATIÈRES 1
PRÉFACE 5
01. DOU'A POUR LA MOTIVATION ET LA GRATITUDE 8
02. DOU'A APRÈS LE RÉVEIL 9
03. DOU'A APRÈS LE LEVER 10
04. DOU'A POUR LE SUCCÈS DANS TOUT CE QUE VOUS FAITES 11
05. DOU'A POUR LA PATIENCE 12
06. DOU'A POUR UN CORPS SAIN 13
07. DOU'A EN ENTRANT DANS LES TOILETTES 14
08. DOU'A POUR RENFORCER LA CONFIANCE EN SOI 15
09. DOU'A DE MISÉRICORDE POUR LES PARENTS 16
10. DOU'A POUR LE PARDON DES PARENTS ET DES INVITÉS 17
11. DOU'A POUR L'ALLÈGEMENT DES DETTES 18
12. DOU'A POUR AUGMENTER LES PROVISIONS PHYSIQUES ET SPIRITUELLES (RIZQ) 19
13. DOU'A POUR LE PARDON 20
14. DOU'A AU STRESS 21
15. DOU'A POUR LA LIBÉRATION DES PEURS ET LA PAIX DU CŒUR 22
16. DOU'A POUR LA PROTECTION CONTRE LES ENNEMIS 23
17. DOU'A POUR RÉALISER LA VÉRITÉ 24
18. DOU'A POUR SE BÉNIR SOI-MÊME ET SA FAMILLE 25
19. DOU'A POUR RENFORCER LE CŒUR (LA FOI) 26
20. DOU'A POUR UNE VIE RÉUSSIE 27
21. DOU'A POUR LA GUÉRISON 28
22. DOU'A POUR RENFORCER LA FOI 29
23. DOU'A POUR LA PURIFICATION DE L'ÂME 30

24. DOU'A EN CAS DE BESOIN 31

25. DOU'A POUR LES ENFANTS JUSTES..32

26. DOU'A POUR LA PROCRÉATION 33

27. DOU'A POUR LA PROTECTION CONTRE SATAN ET LE MAUVAIS ŒIL (L'ENVIE) 34

28. DOU'A POUR LE PARDON DE TOUS LES PÉCHÉS...35

29. DOU'A POUR LE PARDON (TAUBA)..36

30. DOU'A POUR LA GUIDANCE ET LA PROTECTION 37

31. DOU'A POUR LA MISÉRICORDE 38

32. DOU'A POUR L'ENTRÉE AU PARADIS 39

33. DOU'A POUR LE REPENTIR 40

34. DOU'A POUR LE SUCCÈS DANS CE MONDE ET DANS L'AU-DELÀ...................41

35. DOU'A POUR UNE BONNE SUBSISTANCE...42

36. DOU'A POUR LA CONFIANCE EN ALLAH..43

37. DOU'A POUR LE PARDON...44

38. DOU'A À LA REPENTANCE 45

39. DOU'A POUR RENFORCER LA FOI 46

40. DOU'A POUR LA GRATITUDE ET LA DROITURE...47

41. DOU'A POUR LA PROTECTION CONTRE LE SHIRK..48

42. DOU'A POUR LA MISÉRICORDE ET LE PARDON 49

43. DOU'A POUR CONTRÔLER LA COLÈRE 50

44. DOU'A POUR LA PROTECTION CONTRE LA STUPIDITÉ....................................51

45. DOU'Ā CONTRE L'INJUSTICE 52

46. DOU'A APRÈS AVOIR MANGÉ..53

47. DOU'A POUR LA PAIX..54

48. DOU'A POUR LE SECOURS ET LE SOUTIEN..55

49. DOU'A POUR LA JUSTICE 56

50. DOU'A POUR LA PRÉPARATION DES EXAMENS...57

51. DOU'A POUR LA MOTIVATION 58

52. DOU'A POUR LE PARDON...59

53. DOU'A POUR LA PATIENCE 60
54. DOU'A POUR LA PROTECTION CONTRE LA MISÈRE ET LES ENNEMIS 61
55. DOU'A POUR LA RÉUSSITE DE L'EXAMEN 62
56. DOU'A POUR LE SOUTIEN D'ALLAH 63
57. DOU'A POUR LES PÉCHÉS 64
58. DOU'A À LA LOUANGE D'ALLAH 65
59. DOU'A POUR LA MOTIVATION SPIRITUELLE 66
60. DOU'A CONTRE L'ENVIE ET LE MAUVAIS ŒIL 67
61. DOU'A POUR L'AMOUR 68
62. DOU'A POUR LA GUÉRISON 69
63. DOU'A POUR LES DETTES ET LA DÉPRESSION 70
64. DOU'A POUR LA PROTECTION EN CAS D'ÉVÉNEMENTS ET DE PERSONNES INCONNUS 71
65. DOU'A POUR UNE JOURNÉE RÉUSSIE 72
66. DOU'A POUR LA PROTECTION CONTRE LE MAL 73
67. DOU'A EN DÉSESPOIR DE CAUSE 74
68. DOU'A POUR LA PROTECTION PENDANT LE SOMMEIL 75
69. DOU'A POUR LA GRATITUDE 77
70. DOU'A POUR LE CONTENTEMENT DANS LA VIE 78
71. DOU'A POUR CHAQUE STRESS ET MALHEUR DE CE MONDE 79
72. DOU'A DANS LA DOULEUR ET LA MALADIE 80
73. DOU'A POUR LES PEURS 81
74. DOU'A DANS LA DOULEUR 82
75. DOU'A EN CAS DE CALAMITÉ 83
76. DOU'A POUR LA GUÉRISON 84
77. DOU'A POUR LA PROTECTION CONTRE LA TROMPERIE 85
78. DOU'A POUR LA PROTECTION CONTRE SATAN (DIABLE) 86
79. DOU'A POUR LA PROTECTION DE LA SANTÉ PHYSIQUE ET MENTALE 87
80. DOU'A POUR LES ENFANTS VERTUEUX 88
81. DOU'A POUR L'APPRENTISSAGE ET L'ÉDUCATION 89

82. DOU'A POUR UNE ÂME PURE....90
83. DOU'A POUR LA FOURNITURE (RIZQ)....91
84. DOU'A POUR PRENDRE DE BONNES DÉCISIONS....92
85. DOU'A POUR DES ÉTUDES RÉUSSIES....93
86. DOU'A POUR LES EXAMENS....94
87. DOU'A POUR ATTEINDRE UN BON CARACTÈRE....95
88. DOU'A POUR LE SUCCÈS DES AFFAIRES....96
89. DOU'A POUR LE SOUTIEN D'ALLAH....97
90. DOU'A POUR UN AVENIR RÉUSSI....98
91. DOU'A POUR UNE BONNE FAMILLE ET UN MARIAGE RÉUSSI....99
92. DOU'A POUR LE SUCCÈS ET LA VICTOIRE DANS LA VIE....100
93. DOU'A POUR UNE VIE RÉUSSIE....101
94. DOU'A SUR LE REPENTIR....102
95. DOU'A APRÈS WUDU (ABLUTION AVANT LA PRIÈRE)....103
96. DOU'A POUR LES REPENTIS....104
97. DOU'A AVANT DE DORMIR....105
98. DOU'A POUR L'ORIENTATION ET LA SATISFACTION....106
99. DOU'A POUR UN DÉFUNT....107
BONUS AUDIO....108
MENTIONS LÉGALES....109

PRÉFACE

وعن النعمان بن بشير رضي الله عنه، عن النبي صلى الله عليه وسلم قال: "الدعاء هو العبادة"

An-Nomaan ibn Bashir a rapporté: « Le Prophète a dit: Le dou'ā (supplication) est une adoration. »

[Abū Dawūd Rīyāḍ aṣ-Ṣāliḥīn 1465]

Le terme dou'ā (en arabe: اَلدُّعَاءُ) a plusieurs significations dans la langue arabe : Adoration, chercher du l'aide, demande, supplication et appel. C'est-à-dire; un dou'ā est utilisé de différentes manières pour connecter son cœur à Dieu et se rapprocher d'Allah. Généralement, un dou'ā est une requête adressée à Dieu pour demander son aide afin de rendre la vie d'une personne plus facile.

Et Allah (swt) aime même lorsque nous lui demandons quelque chose et que nous persistons à le faire.

وَإِذَا سَأَلَكَ عِبَادِي عَنِّي فَإِنِّي قَرِيبٌ أُجِيبُ دَعْوَةَ الدَّاعِ إِذَا دَعَانِ فَلْيَسْتَجِيبُوا لِي وَلْيُؤْمِنُوا بِي لَعَلَّهُمْ يَرْشُدُونَ

« Et quand Mes serviteurs t'interrogent sur Moi.. alors Je suis tout proche: Je réponds à l'appel de celui qui Me prie quand il Me prie. Qu'ils répondent à Mon appel, et qu'ils croient en Moi, afin qu'ils soient bien guidés. »

[Sourate Baqara 2:186]

Le prophète Mohammed (ﷺ) a dit qu'il y a essentiellement trois façons de recevoir la réponse à un douʿā:

1. on reçoit la réponse ou le résultat du douʿā immédiatement dans sa vie.

2. le douʿā est conservé pour un moment ultérieur, encore inconnu, de la vie d'une personne.

3. on reçoit la réponse ou le résultat du douʿā dans la vie suivante (Akhirah).

Nous devons toujours garder à l'esprit que nous ne pratiquons pas les douʿās juste pour obtenir quelque chose. Le véritable objectif est d'approcher à Allah de cette manière.

Pour qu'un douʿā soit accepté par Allah, il est important que nous ayons toujours des pensées positives lorsque nous prononçons un douʿā. Il est également recommandé de faire des ablutions (wudu) avant de prononcer un douʿā.

De nombreux érudits islamiques recommandent également de prononcer les mots suivants avant et après un douʿā :

اللَّهُمَّ صَلِّ عَلَىٰ مُحَمَّدٍ وَعَلَىٰ آلِ مُحَمَّدٍ كَمَا صَلَّيْتَ عَلَىٰ إِبْرَاهِيْمَ وَعَلَىٰ إِبْرَاهِيْمَ وَبَارِكْ عَلَىٰ مُحَمَّدٍ وَعَلَىٰ آلِ مُحَمَّدٍ كَمَا بَارَكْتَ عَلَىٰ إِبْرَاهِيْمَ وَعَلَىٰ آلِ إِبْرَاهِيْمَ فِي الْعَالَمِيْنَ إِنَّكَ حَمِيْدٌ مَجِيْدٌ

Allāhumma ṣalli ʿalā Muḥammadin wa ʿalā Āali Muḥammad(in), kamā ṣallaīyta ʿalā Ibrāhīma wa ʿalā Āali Ibrāhīm(a), innaka Ḥamīdun Majīd. Allāhumma bārik ʿalā Muḥammadin wa ʿalā Āali Muḥammad(in), kamā bārakta ʿalā Ibrāhīma wa ʿalā Āali Ibrāhīm(a), innaka Ḥamīdun Majīd.

Traduction: « Ô Allah, envoie des prières sur Mohammed et sur la famille de Mohammed, comme Tu as envoyé des prières sur Abraham et sur la famille d'Abraham, dans les mondes, que tu es louable et glorieux. Ô Allah, béni Mohammed et la famille de Mohammed comme Tu as béni Abraham et la famille d'Abraham, dans les mondes, que tu es louable et glorieux. »

Plus nous pratiquons de dou'ās, plus nous sommes proches d'Allah. Dans cette collection, vous trouverez 99 dou'ās soigneusement sélectionnés qui sont relativement courts, mémorables et adaptés à un usage quotidien afin que nous puissions rester connectés à Allah (swt) même au milieu de nos défis quotidiens. En nous concentrant sur notre connexion avec Allah (swt), nous pouvons cultiver la pleine conscience et discipliner notre esprit pour maîtriser nos soucis et nos peurs.

Prenez plaisir à étudier et à réciter les dou'ās ci-dessous.

Qu'Allah reconnaisse vos prières !

Salah Moujahed

01. DOU'A POUR LA MOTIVATION ET LA GRATITUDE

رَبِّ أَوْزِعْنِي أَنْ أَشْكُرَ نِعْمَتَكَ الَّتِي أَنْعَمْتَ عَلَيَّ وَعَلَىٰ وَالِدَيَّ وَأَنْ أَعْمَلَ صَالِحًا تَرْضَاهُ وَأَدْخِلْنِي بِرَحْمَتِكَ فِي عِبَادِكَ الصَّالِحِينَ

Rabbi aussanī an asykura ni'matikal-latī an'amta 'alayya wa 'ala wālidayya wa an a'mala salihan tardhāhu wa adkhilnī birahmatika fī eibadik alsaalihin.

Traduction:

Ô Seigneur, encourage-moi (toujours) à être reconnaissant pour les bénédictions que Tu as accordées à moi et à mes parents, et à faire de bonnes actions qui Te plaisent ; admets-moi par Ta grâce dans les rangs de Tes serviteurs justes.

Source: Sourate An-Naml, 27:19

02. DOU'A APRÈS LE RÉVEIL

اللَّهُمَّ بِكَ أَصْبَحْنَا، وَبِكَ أَمْسَيْنَا، وَبِكَ نَحْيَا، وَبِكَ نَمُوتُ، وَإِلَيْكَ النُّشُورُ.

Allāhumma bika aṣbaḥnā wa-bika amsaīnā, wa-bika naḥyā, wa-bika namūtu wa-ilaīyka an-nūshur.

Traduction:

Ô Allah, par Ta permission nous avons atteint le matin et par Ta permission nous avons atteint le soir, par Ta permission nous vivons et nous mourons. Et avec Toi se trouve notre résurrection.

Source: Jām'i at-Tirmidhī 5:466

03. DOU'A APRÈS LE LEVER

اللَّهُمَّ إِنِّي أَصْبَحْتُ أُشْهِدُكَ وَأُشْهِدُ حَمَلَةَ عَرْشِكَ، وَمَلَائِكَتَكَ وَجَمِيعَ خَلْقِكَ، أَنَّكَ أَنْتَ اللهُ لَا إِلَهَ إِلَّا أَنْتَ وَحْدَكَ لَا شَرِيكَ لَكَ، وَأَنَّ مُحَمَّداً عَبْدُكَ وَرَسُولُكَ

Allāhumma innī aṣbaḥtu ushhiduka, wa-ushhidu ḥamalata 'Aarshika, wa-malā'īkataka, wa-jamī' khalqika, innaka ant-allāhu lā ilaha illā anta, waḥdaka lā sharīka laka, wa-anna Muḥammadan 'Abdūka wa-rasūluk.

Traduction:

Ô Allah, en vérité, j'ai atteint le matin et j'en appelle à Toi, aux porteurs de Ton Trône, à Tes anges et à toute Ta création pour témoigner que Tu es Allah, que personne n'a le droit d'être adoré sauf Toi seul, que Tu n'as pas d'associé et que Mohammed est Ton serviteur et messager.

Source: Abū Dawūd 4:317

04. DOU'A POUR LE SUCCÈS DANS TOUT CE QUE VOUS FAITES

اللَّهُمَّ إِنِّي أَعُوذُ بِكَ مِنْ مُنْكَرَاتِ الأَخْلاَقِ، وَالأَعْمَالِ، وَالأَهْوَاء

Allāhumma innī a'ūdhu-bika min munkarāt-il akhlāq, wal-'āmāl, wal-ahwa'

Traduction:

Ô Allah ! Je cherche en Toi le refuge contre les comportements, les actes et les aspirations indésirables.

Source: Jām'i at-Tirmidhī

05. DOU'A POUR LA PATIENCE

رَبَّنَا أَفْرِغْ عَلَيْنَا صَبْراً وَتَوَفَّنَا مُسْلِمِينَ

Rabbanā afrigh 'ālaīnā ṣabran wa-tawaffanā Muslimīn

Traduction:

Ô Seigneur. Accordez-nous la patience et laissez-nous mourir en tant que musulmans.

Source: Sourate Al-A'raf , 7:126

06. DOU'A POUR UN CORPS SAIN

اللّهُـمَّ عافِـني في بَدَنـي ، اللّهُـمَّ عافِـني في سَمْـعي ، اللّهُـمَّ عافِـني في بَصَـري ، لا إلهَ إلاّ أَنْـتَ. اللّهُـمَّ إِنّـي أَعـوذُبِكَ مِنَ الْكُـفر ، وَالفَـقْر ، وَأَعـوذُبِكَ مِنْ عَذابِ القَـبْر ، لا إلهَ إلاّ أَنْـتَ

Allāhumma 'āfinī fī badanī, Allāhumma 'āfinī fī sam'ī, Allāhumma 'āfinī fī baṣarī, lā 'ilaaha 'illā anta. Allāhumma innī a'ūdhu bika min al-kufri, wal-faqri, wa a'ūdhu bika min 'ādhāb-il-qabri, lā 'ilaaha 'illā anta.

Traduction:

Ô Allah, rends-moi sain dans mon corps. Ô Allah, préserve mon Audience. Ô Allah, préserve ma vue. Il n'y a personne d'autre que Toi qui soit digne d'être adoré. Ô Allah, je cherche refuge en Toi contre la mécréance et la pauvreté et je cherche refuge en Toi contre le châtiment de la tombe. Il n'y a personne d'autre que Toi qui soit digne d'être adoré.

Source: Abū Dāwūd 5090

07. DOU'A EN ENTRANT DANS LES TOILETTES

بسْمِ اللَّهِ. اللَّهُمَّ إِنِّي أَعُوذُ بِكَ مِنَ الْخُبْثِ وَالْخَبَائِثِ .

(Bismillāhi) allāhumma innī a'ūdu bika min-al-khūbthi wal-khabāith.

Traduction:

(Au nom d'Allah) Ô Allah, je me réfugie en Toi de tout mal et de tout méchant.

Source: al-Boukhārī 1/45 ; Ṣaḥiḥ Muslim 1/283

08. DOU'A POUR RENFORCER LA CONFIANCE EN SOI

رَبِّ اشْرَحْ لِي صَدْرِي وَيَسِّرْ لِي أَمْرِي وَاحْلُلْ عُقْدَةً مِّن لِّسَانِي يَفْقَهُوا قَوْلِي

Rabb-ishraḥ lī ṣadrī, wa-yassir lī amrī, wa-ḥlul ʻūqdatan mi-lisānī yafqahu qauwlī

Traduction:

Ô Seigneur, élève mon cœur et allège ma tâche. Enlève l'obstacle de ma langue afin qu'ils puissent comprendre mon discours.

Source: Sourate Ṭa-Ha, 20:25-28

09. DOU'A DE MISÉRICORDE POUR LES PARENTS

رَّبِّ ارْحَمْهُمَا كَمَا رَبَّيَانِي صَغِيرًا

Rabbir-ḥam-humā kamā rabba-yanī saghīran.

Traduction:

Ô Seigneur ! Ayez pitié d'eux car ils m'ont élevé quand j'étais jeune.

Source: Sourate Al-Isrā', 17:24

10. DOU'A POUR LE PARDON DES PARENTS ET DES INVITÉS

رَّبِّ اغْفِرْ لِي وَلِوَالِدَيَّ وَلِمَن دَخَلَ بَيْتِيَ مُؤْمِنًا وَلِلْمُؤْمِنِينَ وَٱلْمُؤْمِنَٰتِ

Rabbi-ighfirlī wali-wāli-dayya wa-liman dakhala baīytīa mu'minan wa-lil-mu'minīna wal-mu'mināt

Traduction:

Mon Seigneur ! Pardonnez-moi, mes parents et quiconque entre dans ma maison par la foi, et tous les hommes et femmes croyants.

Source: Sourate Nuḥ 71:28

11. DOU'A POUR L'ALLÈGEMENT DES DETTES

اللّٰهُمَّ اكْفِني بِحَلالِكَ عَنْ حَرامِك، وَأَغْنِني بِفَضْلِكِ عَمَّنْ سِواك

Allāhumma akfinī bi-ḥalālika 'an ḥarāmika wa-aghninī bi-faḍlika 'amman siwāka

Traduction:

Ô Allah, contente-moi de ce que Tu as permis au lieu de ce que Tu as interdit, et rends-moi indépendant de tout autre que Toi.

Source: Jām'i at-Tirmidhī 3563

12. DOU'A POUR AUGMENTER LES PROVISIONS PHYSIQUES ET SPIRITUELLES (RIZQ)

اللَّهُمَّ إِنِّي أَسْأَلُكَ عِلْماً نَافِعاً، وَرِزْقاً طَيِّباً، وَعَمَلاً مُتَقَبَّلاً

Allāhumma innī as-aluka ‘ilmān nāfi‘an, wa-rizqan ṭayyiban, wa-‘amalan mutaqabbalan

Traduction:

Ô Allah, je Te demande un savoir utile, une bonne provision et des actes acceptés.

Source: Sunan Ibn Mājah 925

13. DOU'A POUR LE PARDON

رَبِّ اغْفِرْ لِي رَبِّ اغْفِرْ لِي

Rabb-ighfir lī, Rabb-ighfir lī

Traduction:

Seigneur, pardonne-moi. Mon Seigneur, pardonnez-moi.

Source: Sunan An-Nasā'ī 1146, 1666 Abū Dāwūd 874

14. DOU'A AU STRESS

اللَّهُمَّ إِنِّي أَسْأَلُكَ مِنْ فَضْلِكَ

Allāhumma innī as-aluka min faḍlika

Traduction:

Ô Allah, je demande Votre faveur.

Source: Abū Dāwūd 465

15. DOU'A POUR LA LIBÉRATION DES PEURS ET LA PAIX DU CŒUR

اللَّهُمَّ اكْفِنِيهِمْ بِمَا شِئْتَ

Allāhumma akfinīhim bimāa shi'ta.

Traduction:

Ô Allah, protège-moi contre eux selon Ta volonté.

Source: Ṣaḥiḥ Muslim 4:2300

16. DOU'A POUR LA PROTECTION CONTRE LES ENNEMIS

اللهم إنا نجعلك في نحورهم و نعوذ بك من شرورهم

Allāhumma inna naj'aluka fī nuḥurihim wa na-a'ūdhu bika min shururihim.

Traduction:

Ô Allah, je Te place devant eux et cherche refuge auprès de Toi contre leurs maux.

Source: Abū Dāwūd 3/42

17. DOU'A POUR RÉALISER LA VÉRITÉ

رَبَّنَا لَا تُزِغْ قُلُوْبَنَا بَعْدَ اِذْ هَدَيْتَنَا وَ هبْ لَنَا مِنْ لَّدُنْكَ رَحْمَةً اِنَّكَ اَنْتَ الْوَهَابُ

Rabbanā Lā Tuzigh Qūlubānah Ba'da idh ḥadaīytānah wa-habb lanā mil-ladūnka raḥmah innaka anta'l wahāb

Traduction:

Ô Seigneur ! Que nos cœurs ne s'écartent pas (de la vérité) après que Tu nous aies guidés, et accorde-nous la miséricorde. En vérité, Tu es le Bienfaiteur.

Source: Sourate Āl-'Imrān, 3:8

18. DOU’A POUR SE BÉNIR SOI-MÊME ET SA FAMILLE

رَبَّنَا اغْفِرْ لِي وَلِوَالِدَيَّ وَلِلْمُؤْمِنِينَ يَوْمَ يَقُومُ الْحِسَابُ

Rabbanā aghfir lī wali-wāli-daīyya wa-lil-mu’mināna yauma yaqūmu alḥisābu.

Traduction:

Ô Seigneur ! Protège (nous) par Ton pardon – moi, mes parents et (tous) les croyants – au Jour du Jugement.

Source: Sourate Ibrāhīm, 14:41

19. DOU'A POUR RENFORCER LE CŒUR (LA FOI)

يَا مُقَلِّبَ الْقُلُوبِ ثَبِّتْ قَلْبِي عَلَى دِينِكَ

Yā Mūqallib al-qulūbi, thabbit qalbī 'alā dīnika

Traduction:

Ô transformateur des cœurs, lie fermement mon cœur à ta religion.

Source: Jām'i at-Tirmidhī 3522

20. DOU'A POUR UNE VIE RÉUSSIE

اللَّهُمَّ أَصْلِحْ لِي دِينِي الَّذِي هُوَ عِصْمَةُ أَمْرِي ، وَأَصْلِحْ لِي دُنْيَايَ الَّتِي فِيهَا مَعَاشِي، وَأَصْلِحْ لِي آخِرَتِي الَّتِي فِيهَا مَعَادِي وَاجْعَلِ الْحَيَاةَ زِيَادَةً لِي فِي كُلِّ خَيْرٍ وَاجْعَلِ الْمَوْتَ رَاحَةً لِي مِنْ كُلِّ شَرٍّ

Allāhumma aṣliḥ lī dīnī al-ladhī hua ʻiṣmatu ʻamrī , wa-aṣliḥ lī dūnīya-ya al-latī fīha māʻshī , wa-aṣliḥ lī ākhiratī al-latī fīha mʻādaī wa-jʻal al-ḥaīyāta zīyādatan lī fī kuli khaīyrin wa-jʻal al-mauwta rāḥatan lī min kuli sharin

Traduction:

Ô Allah, établi pour moi ma religion, qui est la protection de mes affaires, et établi pour moi mon monde, dans lequel est ma subsistance et ma vie. Profiter de ma vie après la mort, là où je suis destiné. Et fais que la vie soit pour moi un complément en tout bien, et la mort une consolation de tout mal.

Source: Ṣaḥiḥ Muslim Livre 17, Ḥadīth 1472

21. DOU'A POUR LA GUÉRISON

للَّهُمَّ إِنِّي أَعُوذُ بِكَ مِنْ شَرِّ سَمْعِي، وَمِنْ شَرِّ بَصَرِي، وَمِنْ شَرِّ لِسَانِي وَمِنْ شَرِّ قَلْبِي، وَمِنْ شَرِّ مَنِيِّي

Allāhumma innī a'ūdhu bika min shari sam'ī, wa-min shari baṣarī, wa-min shari lisānī, wa-min shari qalbī, wa-min shari manīyīye

Traduction:

Ô Allah, je cherche refuge auprès de Toi contre le mal de mon ouïe et le mal de ma vue et le mal de ma langue et le mal de mon cœur et le mal de mon acte.

Source: Jām'i at-Tirmidhī 5/523

22. DOU'A POUR RENFORCER LA FOI

رَبِّ اجْعَلْنِيْ مُقِيْمَ الصَّلَاة وَمِنْ ذُرِّيَّتِيْ رَبَّنَا وَتَقَبَّلْ دُعَآءِ

Rabbi j'alnī mūqima aṣ-ṣalāti wa-min dhurrrīyatī rabbanā wa-taqabbal dou'ā.

Traduction:

Mon Seigneur, aide-moi et mes enfants à accomplir la prière. Notre Seigneur ! Et accepte ma prière.

Source: Sourate Ibrāhīm, 14:40

23. DOU'A POUR LA PURIFICATION DE L'ÂME

رَبَّنَا ظَلَمْنَا أَنفُسَنَا وَإِن لَّمْ تَغْفِرْ لَنَا وَتَرْحَمْنَا لَنَكُونَنَّ مِنَ الْخَاسِرِين

Rabbana ẓalamnā anfusanā wa in'l lam taghfir lanā wa-tarḥamnā lanu-kunan min al-khasirīn

Traduction:

Ô Seigneur ! Nous avons fait du tort à nos propres âmes. Si Tu ne nous pardonnes pas et si Tu ne nous accordes pas Ta miséricorde, nous serons certainement perdus.

Source: Sourate Al-'Ārāf - 7:23

24. DOU'A EN CAS DE BESOIN

لا إله إلا الله العظيم الحليم؛ لا إله إلا الله رب العرش العظيم؛ لا إله إلا الله رب السموات، ورب الأرض، ورب العرش الكريم

Lā ilaaha illa-allāhul-'āẓīm-ul al-ḥalīm, lā ilaaha illa-allāhu rabb-ul-'arshi'l-'āẓīm, Lā ilaaha illa-allāhu rabb us-samāwāti wa-rabb-ul-arḍi, wa rabb-ul-arsh'il-karīm.

Traduction:

Nul n'a le droit d'être adoré si ce n'est Allah, l'Exalté, le Prudent. Nul n'a le droit d'être adoré si ce n'est Allah, le Seigneur du Trône Puissant. Nul n'a le droit d'être adoré si ce n'est Allah, le Seigneur des cieux , le Seigneur de la terre et le Seigneur du Trône honorable.

Source: al-Boukhārī 634

25. DOU'A POUR LES ENFANTS JUSTES

رَبَّنَا هَبْ لَنَا مِنْ أَزْوَاجِنَا وَذُرِّيَّاتِنَا قُرَّةَ أَعْيُنٍ وَاجْعَلْنَا لِلْمُتَّقِينَ إِمَامًا

Rabbanā habb lanā min azwājinā wa-dhurīy-yātinā qurrata 'āyuūnin wa-j'alnā lil-muttaqīna imāman

Traduction:

Ô Seigneur ! Accorde-nous des épouses et une progéniture qui nous rendent heureux, et fais de nous un exemple pour les justes.

Source: Sourate Al-Furqān, 25:74

26. DOU'A POUR LA PROCRÉATION

رَبِّ لَا تَذَرْنِيْ فَرْدًا وَّاَنْتَ خَيْرُ الْوٰرِثِيْنَ

Rabbi lā tadharnī fardan wa anta Khaīr-ul Wārithīn

Traduction:

Ô mon Seigneur ! Ne me laisse pas seul (sans enfant), bien que Tu sois le meilleur des héritiers.

Source: Sourate Al 'Anbīyā' 21:89

27. DOU'A POUR LA PROTECTION CONTRE SATAN ET LE MAUVAIS ŒIL (L'ENVIE)

أُعيذُ نَفسِي بِكَلِماتِ اللهِ التّامَّة، مِنْ كُلِّ شَيْطانٍ وَهامَّة، وَمِنْ كُلِّ عَيْنٍ لامَّة

'ūīdhu nafsī bi-kalimāt'il-allāhi-it-tāmmati min kulli shaīytānin wa-hāmmatin, wa-min kulli 'āīynin lāmmatin

Traduction:

Je cherche refuge dans les paroles parfaites d'Allah contre tout démon, contre toute chose empoisonnée et contre le mauvais œil qui influence.

Source: Abū Dāwūd 4737

28. DOU'A POUR LE PARDON DE TOUS LES PÉCHÉS

اللَّهُمَّ اغْفِرْ لِي ذَنْبِي كُلَّهُ، دِقَّهُ وَجِلَّهُ، وَأَوَّلَهُ وَآخِرَهُ وَعَلَانِيَتَهُ وَسِرَّهُ

Allāhumma aghfir lī dhanbī kulla-hu, diqqa-hu wa-jillahu, wa-awala-hu wa-ākhira-hu wa-'ālānīyata-hu wa-sirrahu.

Traduction:

Ô Allah, pardonne-moi tous mes péchés, les grands et les petits, les premiers et les derniers, les évidents et les cachés.

Source: Abū Dāwūd 878

29. DOU'A POUR LE PARDON (TAUBA)

أَسْتَغْفِرُ اللهَ، أَسْتَغْفِرُ اللهَ، أَسْتَغْفِرُ اللهَ وَأَتُوبُ إِلَيْهِ

Astagh-fi-rullāh, Astagh-fi-rullāh, Astagh-fi-rullāh, wa-atubu ilaīyhi

Traduction:

Je cherche le pardon d'Allah et je me repens avec Lui.

Source: Ṣaḥiḥ Muslim 1:414

30. DOU'A POUR LA GUIDANCE ET LA PROTECTION

اللَّهُمَّ اغْفِرْ لِي، وَارْحَمْنِي، وَاهْدِنِي، وَاجْبُرْنِي، وَعَافِنِي، وَارْزُقْنِي، وَارْفَعْنِي

Allāhumma aghfir lī, wa-arḥamnī, wa-hadinī, wa-jburnī, wa-'āfinī, wa-rzuqnī, wa-raf'anī

Traduction:

Ô Allah, pardonne-moi, aie pitié de moi, guide-moi, soutiens-moi, protège-moi, subviens à mes besoins et élève-moi.

Source: Sunan Ibn Mājah 3845, Jām'i at-Tirmidhī: 284

31. DOU'A POUR LA MISÉRICORDE

اللَّهُمَّ إِنِّـي أَسْـأَلُـكَ بِرَحْمَـتِكَ الَّتي وَسِـعَت كُلَّ شيء، أَنْ تَغْفِرَ لِي

Allāhumma 'innī as-aluka bi-rahmatikal-latī wasi'at kulla shaīy'in an taghfira lī

Traduction:

Ô Allah, je Te implore par Ta miséricorde, qui englobe tout, de me pardonner.

Source: Ibn Mājah 1753

32. DOU'A POUR L'ENTRÉE AU PARADIS

رَبِّ ابْنِ لِي عِندَكَ بَيْتًا فِي الْجَنَّةِ

Rabbi ibni lī ‘indaka baīytan fī'l Jannati

Traduction:

Mon Seigneur ! Construis pour moi une maison avec Toi au Paradis.

Source: Sourate At-Taḥrīm 66:11

33. DOU'A POUR LE REPENTIR

رَبِّ اغْفِرْ لِي، وَتُبْ عَلَيَّ، إِنَّكَ أَنْتَ التَّوَّابُ الغَفُورُ

Rabbi ighfir lī wa-tub 'alaīyya innaka anta-t-tawābu al-ghafūr

Traduction:

Mon Seigneur, pardonne-moi et accepte mon repentir, Tu es le Tout-Pardonneur.

Source: Jām'i at-Tirmidhī 3434, Abū Dāwūd 1516

34. DOU'A POUR LE SUCCÈS DANS CE MONDE ET DANS L'AU-DELÀ

رَبَّنَا آتِنَا فِي الدُّنْيَا حَسَنَةً وَ فِي الآخِرَةِ حَسَنَةً وَ قِنَا عَذَابَ النَّارِ

Rabbanā Ātina fī al-dunīyā asanatan wa fī al-Ākhirati Ḥasanatan, wa-qinā 'Adhāba al-Nāri

Traduction:

Notre Seigneur, accorde-nous ce qui est bon en ce monde et ce qui est bon dans l'au-delà, et sauve-nous du châtiment du Feu.

Source: Sourate Al-Baqara 2:201

35. DOU'A POUR UNE BONNE SUBSISTANCE

يا الله، يا رب، يا حيّ يا قيّوم، يا ذا الجلال و الإكرام، أسألك
بأسمك العظيم الأعظم أن ترزقني رزقا واسعا حلالا طيّبا ،
برحمتك يا أرحم الراحمين.

Yā Allāh, yā Rabb, yā Ḥayy yā qywum, yā dhā al-Jalāl wa-al-ikrām, As'aluka bismika al-'Aẓīm al-A'ẓam an tarzuqany rizqan wās'an ḥlālan ṭyban, biraḥmatika yā arḥama alrāḥmyn.

Traduction:

Ô Dieu, ô Seigneur, ô Vivant, ô Tout-Puissant, ô Grand et Glorieux, je T'implore par Ton Grand Nom de me donner une large subsistance purement licite, avec Ta Miséricorde ô le plus Miséricordieux des Miséricordieux.

Source: al-Boukhārī and Ṣaḥiḥ Muslim

36. DOU'A POUR LA CONFIANCE EN ALLAH

رَبَّنَا آتِنَا مِن لَّدُنكَ رَحْمَةً وَهَيِّئْ لَنَا مِنْ أَمْرِنَا رَشَدًا

Rabbanā ātinā mil-ladūnka raḥmatan wa-hayyī' lanā min amrina rashadā

Traduction:

Notre Seigneur ! Fais-nous preuve de miséricorde de Ta part, et règle nos affaires pour nous de la bonne manière !

Source: Sourate Al-Kahf - 18:10

37. DOU'A POUR LE PARDON

رَبَّنَآ اٰمَنَّا فَاغْفِرْ لَنَا وَارْحَمْنَا وَاَنْتَ خَيْرُ الرّٰحِمِيْنَ

Rabbanā āmannā faghfir lanā wa-rḥamnā wa anta khaīyrur rāḥimīn.

Traduction:

Notre Seigneur ! Nous croyons, alors pardonne-nous et aie pitié de nous, car tu es le meilleur de tous ceux qui font miséricorde.

Source: Sourate Al-Mu'minūn 23:109

38. DOU'A À LA REPENTANCE

سُبْحـانَكَ اللّهُـمَّ وَبِحَمدِك، أَشْهَـدُ أَنْ لا إِلهَ إِلاّ أَنْتَ أَسْتَغْفِرُكَ وَأَتوبُ
إِلَـيْك

Subḥānāka Allāhumma wa bi-ḥamdika, Ash-hadu Ann lā ilaha illā Anta, Astaghfiruka wa Atubu ilaīyka.

: Traduction

C'est à Toi que revient la gloire, ô Allah, et c'est à Toi que revient la louange. Je témoigne qu'il n'y a personne d'autre que Toi qui soit digne d'être adoré. Je recherche Ton pardon et me repens avec Toi.

Source: Abū Dāwūd 4859

39. DOU'A POUR RENFORCER LA FOI

رَبَّنَا لَا تُزِغْ قُلُوْبَنَا بَعْدَ اِذْ هَدَيْتَنَا وَهبْ لَنَا مِنْ لَّدُنْكَ رَحْمَةً اِنَّكَ اَنْت الْوَهَابُ

Rabbanā Lā Tuzigh Qūlubānah Ba'da idh ḥadaīytānah wa-habb lanā mil-ladūnka raḥmatan innaka anta'l wahāb

Traduction:

Ô Seigneur. Que nos cœurs ne s'écartent pas (de la vérité) après que Tu nous aies guidés, et accorde-nous Ta miséricorde. En vérité, Tu es le Bienfaiteur.

Source: Sourate Āl-'Imrān, 3:8

40. DOU'A POUR LA GRATITUDE ET LA DROITURE

رَبِّ أَوْزِعْنِي أَنْ أَشْكُرَ نِعْمَتَكَ الَّتِي أَنْعَمْتَ عَلَيَّ وَعَلَىٰ وَالِدَيَّ وَأَنْ أَعْمَلَ صَالِحًا تَرْضَاهُ وَأَدْخِلْنِي بِرَحْمَتِكَ فِي عِبَادِكَ الصَّالِحِينَ

Rabbi āuwz'anī an ashkura ni'matikal-latī an'amta 'alaīyyah wa 'ala wālidaīyyah wa an 'āmala ṣāliḥān tarḍhāhu wa adkhilnī bi-raḥmatika fī 'ībādik aṣ-ṣāliḥīn

Traduction:

Mon Seigneur, fais que je sois reconnaissant pour Tes faveurs manifestées à moi et à mes parents, et que je sois juste. Et admets-moi par Ta miséricorde dans les rangs de Tes serviteurs justes.

Source: Sourate An-Naml, 27:19

41. DOU'A POUR LA PROTECTION CONTRE LE SHIRK

اللّٰهُمَّ إِنّـي أَعـوذُبِكَ أَنْ أُشْـرِكَ بِكَ وَأَنا أَعْـلَمْ، وَأَسْتَـغْفِرُكَ لِما لا أَعْلَم

Allāhumma innī a'ūdhu bika an ūshrika bika wa-anā 'ālamu, wa-astaghfiruka limā lā 'ālamu

Traduction:

Ô Allah, je cherche refuge en Toi afin d'éviter tout shirk, qu'il soit conscient ou inconscient. Et s'il vous plaît, pardonnez-moi pour toutes mes fautes.

Source: Musnad Aḥmad 4:403

42. DOU'A POUR LA MISÉRICORDE ET LE PARDON

رَّبِّ اغْفِرْ وَارْحَمْ وَأَنْتَ خَيْرُ الرَّحِمِيْنَ

Rabbi ighfir wa-arḥam wa anta khaīyrur raḥimīna

Traduction:

Ô Seigneur. Pardonnez et ayez pitié, car Vous êtes le meilleur de ceux qui font miséricorde !

Source: Sourate Al-Mu'minūn, 23:118

43. DOU'A POUR CONTRÔLER LA COLÈRE

أَعُوذُ بِاللَّهِ مِنَ الشَّيْطَانِ الرَّجِيْمِ

A'ūdhu billāhi min ash-Shaīyṭāni ar-rajīm

Traduction:

Je cherche refuge auprès d'Allah contre Satan, le paria.

Source: Abū Dāwūd 4781, al-Boukhārī 6115

44. DOU'A POUR LA PROTECTION CONTRE LA STUPIDITÉ

اللّٰهُمَّ إِنِّي أَعُوذُ بِكَ أَنْ أَضِلَّ، أَوْ أُضَلَّ، أَوْ أَزِلَّ، أَوْ أُزَلَّ، أَوْ أَظْلِمَ، أَوْ أُظْلَمَ، أَوْ أَجْهَلَ، أَوْ يُجْهَلَ عَلَيَّ

Allāhumma innī a'ūdhu bika an aḍilla, auw ūḍalla, auw azilla, auw ūzalla, auw aẓlima, auw ūẓlama, auw ajhala auw yujhala 'alaīyya

Traduction:

Ô Allah, je cherche refuge auprès de Toi de peur d'induire les autres en erreur ou d'être induit en erreur par les autres, de peur d'abuser des autres ou d'être abusé, et de peur d'agir sottement ou de rencontrer la sottise des autres.

Source: Abū Dāwūd 5094, Ibn Mājah 3884

45. DOU'Ā CONTRE L'INJUSTICE

عَلَى ٱللَّهِ تَوَكَّلْنَا ۚ رَبَّنَا ٱفْتَحْ بَيْنَنَا وَبَيْنَ قَوْمِنَا بِٱلْحَقِّ وَأَنتَ خَيْرُ ٱلْفَٰتِحِينَ

Alallāhi tawakkalnā Rabbanā Aftaḥ Baīnanā Wa-Baīna Qawminā Bil-Ḥaqqi Wa Anta Khaīru Al-Fātiḥīna.

Traduction:

C'est en Allah que nous plaçons notre confiance. Ô notre Seigneur, tranche par la vérité, entre nous et notre peuple car Tu es le meilleur des juges.

Source: Sourate Al-'Ārāf 7:89

46. DOU'A APRÈS AVOIR MANGÉ

الْحَمْدُ لِلَّهِ الَّذِي أَطْعَمَنِي هَذَا، وَرَزَقَنِيهِ مِنْ غَيْرِ حَوْلٍ مِنِّي وَلَا قُوَّةٍ

Alḥamdu lillāhi-lladhī aṭʻamanī hadhā, wa-razaqanīhi min ghaīri ḥauwlin minnī wa lā quwwah

Traduction:

Toutes les louanges sont dues à Allah, qui m'a donné de la nourriture à manger et l'a fournie sans mon intervention ou ma force.

Source: Jāmʻi at-Tirmidhī

47. DOU'A POUR LA PAIX

اللَّهُمَّ أَنْتَ السَّلاَمُ وَمِنْكَ السَّلاَمُ، تَبَارَكْتَ يَا ذَا الْجَلاَلِ وَالإِكْرَامِ

Allāhumma Antas-Salām wa minkas-salām. Tabārakta yā Zal-jalāli wal- ikrām.

Traduction:

Ô Allah, Tu es la Paix et c'est de Toi que vient la Paix, béni sois-Tu, Ô Seigneur de la Majesté et de l'Honneur !

Source: Ṣaḥiḥ Muslim 592

48. DOU'A POUR LE SECOURS ET LE SOUTIEN

يَاحَيُّ، يَا قَيُّومُ، بِرَحْمَتِكَ أَسْتَغِيثُ، أَصْلِحْ لِي شَأْنِي كُلَّهُ، وَلَا تَكِلْنِي إِلَى نَفْسِي طَرْفَةَ عَيْنٍ

Yā Ḥayyu yā Qayyūm, bi raḥmatika astaghīthu, aṣliḥ lī sha'nī kullahu, wa lā takilanī ila nafsī Ṭarfata 'Aīaynin.

Traduction:

Ô Éternel Vivant, Ô Éternel et Soutien de tous ! Par ta miséricorde, je cherche du secours. Rectifiez pour moi toutes mes affaires et ne me laissez pas seul, même pour un clin d'œil.

Source: Ṣaḥiḥ at-Targhīb wat-Tarhīb 1:273

49. DOU'A POUR LA JUSTICE

رَّبِّ اغْفِرْ لِي وَلِوَالِدَيَّ وَلِمَن دَخَلَ بَيْتِيَ مُؤْمِنًا وَلِلْمُؤْمِنِينَ
وَالْمُؤْمِنَاتِ وَلَا تَزِدِ الظَّالِمِينَ إِلَّا تَبَارًا

Rabbi-ighfirlī wali-wāli-dayya wa-liman dakhala baīytīa mu'minan wa-lil-mu'minīna wal-mu'mināt walā tazidi aẓ-ẓālīmīna illā tabarān

Traduction:

Mon Seigneur, pardonne-moi, ainsi qu'à mes parents, et à celui qui entre chez moi en croyant, ainsi qu'aux hommes et aux femmes croyants ; mais plonge les injustes plus profondément dans la destruction.

Source: Sourate Nūḥ (Noah), 71:28

50. DOU’A POUR LA PRÉPARATION DES EXAMENS

اللهم افتح لي أبواب حكمتك، وانشر عليّ رحمتك، وامنن علي بالحفظ والفهم، سبحانك لا علم لنا إلا ما علمتنا، إنك أنت العليم الحكيم

Allāhumma aftaḥ lī abwāb ḥikmatika, wa-nshur ‘alaīya raḥmataka, wa-amnin ‘alaīyun bil-ḥifz wal-fahmu, subḥānakā lā ‘ilm lanā ilaa mā ‘alimatanā, inaka anta al-‘alīm al-ḥakīmu.

Traduction:

Ô Allah, ouvre-moi les portes de Ta sagesse, répands Ta miséricorde sur moi, et accorde-moi l'apprentissage et la compréhension, gloire à Toi. Nous n'avons aucune connaissance, sauf ce que tu nous as enseigné, car tu es l'Omniscient, le Sage.

Source: Ṣaḥiḥ Muslim

51. DOU'A POUR LA MOTIVATION

رَبِّ أَوْزِعْنِىٓ أَنْ أَشْكُرَ نِعْمَتَكَ ٱلَّتِىٓ أَنْعَمْتَ عَلَىَّ وَعَلَىٰ وَٰلِدَىَّ وَأَنْ أَعْمَلَ صَـٰلِحًا تَرْضَىٰهُ

وَأَصْلِحْ لِى فِى ذُرِّيَّتِىٓ ۖ إِنِّى تُبْتُ إِلَيْكَ وَإِنِّى مِنَ ٱلْمُسْلِمِينَ

Rabbi āuwz'inī an ashkura ni'matikal-latī an'amta 'alaīyyah wa 'ala wālidaīyyah wa an 'āmala ṣāliḥan tarḍhāhu wa-aṣliḥ lī fī dhūrīyatī innī tūbtu ilaīyka wa-innī min al-muslimīna

Traduction:

Mon Seigneur, inspire-moi la gratitude pour les bienfaits que Tu m'as accordé à moi et à mes parents, et (inspire-moi) les bonnes actions qui te sont agréables. Et que mes descendants soient justes envers moi. En vérité, je me suis repenti auprès de Toi, et en vérité, je suis l'un des musulmans.

Source: Sourate Al-Aḥqāf, 46:15

52. DOU'A POUR LE PARDON

انْتَ وَلِيُّنَا فَاغْفِرْ لَنَا وَارْحَمْنَا وَأَنْتَ خَيْرُ الْغَافِرِينَ وَاكْتُبْ لَنَا فِي هَٰذِهِ الدُّنْيَا حَسَنَةً وَفِي الْآخِرَةِ إِنَّا هُدْنَا إِلَيْكَ

Anta walīyyūnā faghfir lanā wa-rḥamnā wa anta khaīr ul-ghāfirīna waktūb lanā fī hadhi hid-dunyā ḥasanatan wafī al-ākhirati innā hudnā ilaīyka

Traduction:

Seigneur, tu es notre protecteur, pardonne-nous et prends pitié de nous, car tu es le meilleur des pardons. Décrète pour nous le bien, tant en ce monde que dans l'au-delà, car c'est vers Toi que nous sommes revenus repentants.

Source: Sourate Al-A'raf - 7:155-156

53. DOU'A POUR LA PATIENCE

رَبَّنَا أَفْرِغْ عَلَيْنَا صَبْراً وَثَبِّتْ أَقْدَامَنَا وَانصُرْنَا عَلَى القَوْمِ الكَافِرِينَ

Rabbanā Afrigh 'Alaīynā Ṣabrān Wa-Thabbit Aqdāmanā Wa-Anṣurnā 'Ala Al-Qawmi Al-Kāfirīna.

Traduction:

Notre Seigneur, accorde-nous une patience abondante, consolide nos pas et aide-nous contre les gens de la mécréance.

Source: Sourate Al-Baqara 2:250

54. DOU'A POUR LA PROTECTION CONTRE LA MISÈRE ET LES ENNEMIS

اللهمَّ إنِّي أعوذُ بِكَ مِنْ جَهْدِ الْبَلَاءِ، وَدَرَكِ الشَّقَاءِ، وَسُوءِ الْقَضَاءِ، وَشَمَاتَةِ الْأَعْدَاءِ

Allāhumma 'innī a'ūthu bika min jahdi albalā'i, wa daraki ash-shaqāi, wa sū'i alqadā'i, wa shamātati al'adā'i.

Traduction:

Ô Allah, je te demande de me protéger de l'effort, de la misère, du mauvais sort et de la malveillance de mes ennemis.

Source: al-Boukhārī 6347; Ṣaḥiḥ Muslim

55. DOU'A POUR LA RÉUSSITE DE L'EXAMEN

رَبِّ أَدْخِلْنِي مُدْخَلَ صِدْقٍ وَأَخْرِجْنِي مُخْرَجَ صِدْقٍ وَاجْعَل لِّي مِن لَّدُنكَ سُلْطَانًا نَّصِيرًا

Rabi adkhilnī mudkhal ṣidqin wa-akhrijnī mukhraj ṣidqin wa-j'al lī min ladūnka sulṭānan naṣīran

Traduction:

Ô mon Seigneur, que mon entrée soit une bonne entrée et que ma sortie soit une bonne sortie. Et accorde-moi Ton pouvoir d'aide.

Source: Sourate Al-Isrā, 17:80

56. DOU'A POUR LE SOUTIEN D'ALLAH

رَبَّنَا لَا تُؤَاخِذْنَا إِن نَّسِينَا أَوْ أَخْطَأْنَا ۚ رَبَّنَا وَلَا تَحْمِلْ عَلَيْنَا إِصْرًا كَمَا
حَمَلْتَهُ عَلَى الَّذِينَ مِن قَبْلِنَا ۚ رَبَّنَا وَلَا تُحَمِّلْنَا مَا لَا طَاقَةَ لَنَا بِهِ ۖ وَاعْفُ عَنَّا
وَاغْفِرْ لَنَا وَارْحَمْنَا ۚ أَنتَ مَوْلَانَا فَانصُرْنَا عَلَى الْقَوْمِ الْكَافِرِينَ

Rabbanā lā tu-akhidnā in-nasīnā auw akhṭ'anā rabbanā wa lā taḥmil 'alaīynā iṣrān kamā ḥamaltahu 'ala-al-ladhīna min qablinā rabbanā wa lā tūḥammilnā mā lā ṭāqata lanā bihi wa-'fu 'annā wa-ghfirlanā wa-rḥamnā anta mauwlānā fa-nṣurnā 'ala'l qauwm'il al-kāfirīna

Traduction:

Seigneur, ne nous reproche pas si nous oublions (quelque chose) ou commettons des erreurs. Seigneur, ne nous impose pas un fardeau comme tu l'as imposé à ceux qui nous ont précédé. Seigneur, ne nous charge pas de quelque chose pour lequel nous n'avons pas la force. Pardonnez-nous et ayez pitié de nous. Tu es notre protecteur. Aidez-nous donc contre les gens de la mécréance !

Source: Sourate Al-Baqara, 2:286

57. DOU'A POUR LES PÉCHÉS

اللَّهُمَّ إِنَّكَ عَفُوٌّ كَرِيمٌ تُحِبُّ الْعَفْوَ فَاعْفُ عَنِّي

Allāhumma innaka 'afuwwun karīmun tuḥibbul 'afwa' fā'fu 'annī

Traduction:

Ô Allah, Tu es vraiment Pardonneur, [généreux,] Tu apprécies le pardon, alors pardonne-moi.

Source: Jām'i at-Tirmidhī 3513

58. DOU'A À LA LOUANGE D'ALLAH

الْحَمْدُ لِلَّهِ حَمْدًا كَثِيرًا طَيِّبًا مُبَارَكًا فِيهِ غَيْرَ مُوَدَّعٍ وَلاَ مُسْتَغْنًى عَنْهُ رَبُّنَا

Alḥamdulillāhi ḥamdan kathīran ṭaīyybān mūbarakān fīhi, ghaīra muwadda'in wa lā mustaghnan 'anhu Rabbūnā

Traduction:

Toute louange est due à Allah - une louange abondante, pure et bénie ; une louange dont on ne peut se passer ni l'omettre, ô Seigneur.

Source: Jām'i at-Tirmidhī

59. DOU'A POUR LA MOTIVATION SPIRITUELLE

اللَّهُمَّ أَعِنِّي عَلَى ذِكْرِكَ، وَشُكْرِكَ، وَحُسْنِ عِبَادَتِكَ

Allāhumma 'āinnī 'ala dhikrika, wa-shukrika, wa-ḥusni 'ibādatika

Traduction:

Ô Allah, aide-moi à me souvenir toujours de Toi, à être reconnaissant envers Toi et à t'adorer d'une manière excellente.

Source: Abū Dāwūd livre 16, Ḥadīth 1422

60. DOU'A CONTRE L'ENVIE ET LE MAUVAIS ŒIL

بسم الله أرقي نفسي, من كلّ شيء يؤذيني, من شر كلّ نفس أو عين حاسد, الله يشفيني ,بسم الله أرقي نفسي

Bismallāhi arqī nafsī, min kulli shaī'in yu'dhīnī, min sharri kulli nafsin auw 'aynīn ḥāsid, Allāhu yashfīnī, Bismallāhi arqī nafsī.

Traduction:

Ô Allah, je Te prie de me purifier de tous les chagrins, de tous les méfaits et de la méchanceté des yeux d'un envieux.

Source: Ṣaḥiḥ Muslim

61. DOU'A POUR L'AMOUR

اللَّهُمَّ إِنِّي أَسأَلُكَ فِعْلَ الْخَيْرَاتِ، وَتَرْكَ الْمُنْكَرَاتِ، وَحُبَّ الْمَسَاكِينِ، وَأَنْ تَغْفِرَ لِي، وَتَرْحَمَنِي، وَإِذَا أَرَدْتَ فِتْنَةَ قَوْمٍ فَتَوَفَّنِي غَيْرَ مَفْتُونٍ، وَأَسْأَلُكَ حُبَّكَ وَحُبَّ مَنْ يُحِبُّكَ، وَحُبَّ عَمَلٍ يُقَرِّبُنِي إِلَى حُبِّكَ.

Allāhumma innī As-aluka fi'la al-khaīrāt wa Tarka al-munkarāt wa-Ḥubba al-masākīn wa-an-taghfira lī wa-Tarḥamanī. Wa-idha arad-ta fitnata qawmin fa-tawaffanī ghaīyra maftun. Wa as-aluka Ḥubbaka wa-Ḥubba man yuḥibbuka wa-Ḥubba 'amalin yuqarribunī ila Ḥubbika.

Traduction:

Ô Allah, je Te demande de m'accorder l'accomplissement de bonnes actions, le renoncement aux mauvaises actions, et l'amour des pauvres ; et (je Te demande) de me pardonner et d'avoir pitié de moi ; et si Tu as l'intention d'éprouver un peuple, alors laisse-moi mourir sans être éprouvé ; et je Te demande Ton amour et l'amour de ceux qui T'aiment, et l'amour des actions qui me rapprochent de Ton amour.

Source: Jām'i at-Tirmidhī 5/369

62. DOU'A POUR LA GUÉRISON

اللهمّ رَبَّ النَّاسِ أذْهِبِ البَاسَ، واشْفِ أنْتَ الشَّافِي، لا شِفَاءَ إلَّا شِفَاؤُكَ، شِفَاءً لا يُغَادِرُ سَقَمًا.

Allāhumma rabba an-nās adhhib al-b'as, washfi anta al-ashāfī, lā shifā'a illa shifā'uka, shifā'an lā yughādiru saqaman.

Traduction:

Ô Allah, Seigneur de l'humanité, délivre-moi de ma souffrance. Guéris (moi), car Tu es le seul Guérisseur, et il n'y a pas d'autre guérison que la Tienne, c'est celle qui ne laisse aucune maladie.

Source: al-Boukhārī avec Al-Fatḥ 10/206 et Ṣaḥiḥ Muslim 4/1721

63. DOU'A POUR LES DETTES ET LA DÉPRESSION

اللّهُمَّ إِنِّي أَعْوذُ بِكَ مِنَ الهَمِّ وَ الْحُزْنِ، والعَجْزِ والكَسَلِ
والبُخْلِ والجُبْنِ وضَلْعِ الدَّيْنِ وغَلَبَةِ الرِّجال

Allāhumma innī a'ūdhu bika min al-hammi wal-ḥuzni, wal-ajzi wal-kassali, wal-būkhli wal-jūbni, wa-ḍali' al-dīni wa ar- ghalabati rijāli

Traduction:

Ô Allah, je cherche refuge auprès de Toi contre le chagrin et la tristesse, contre la faiblesse et la paresse, contre l'avarice et la lâcheté, contre l'accablement par les dettes et contre l'accablement par les autres.

Source: al-Boukhārī 7/158; Al-'Asqalānī, Fatḥul-Bārī 11/173

64. DOU'A POUR LA PROTECTION EN CAS D'ÉVÉNEMENTS ET DE PERSONNES INCONNUS

اللّهُمَّ إِنّـي أَسْـأَلُكَ خَيْـرَها، وَأَعـوذُ بِكَ مِنْ شَـرِّها

Allāhumma innī as-aluka khaīrahā, wa a'ūdhu bika min sharrihā

Traduction:

Ô Allah, je Te demande le bien qu'elle contient et cherche refuge en Toi contre son mal.

Source: Abū Dāwūd 5084, Ibn Mājah 2252

65. DOU'A POUR UNE JOURNÉE RÉUSSIE

أَصْبَحْنَا وَأَصْبَحَ الْمُلْكُ لِلَّهِ رَبِّ الْعَالَمِينَ، اللَّهُمَّ إِنِّي أَسْأَلُكَ خَيْرَ هَذَا الْيَوْمِ، فَتْحَهُ، وَنَصْرَهُ، وَنُورَهُ وَبَرَكَتَهُ، وَهُدَاهُ، وَأَعُوذُ بِكَ مِنْ شَرِّ مَا فِيهِ وَشَرِّ مَا بَعْدَهُ.

Aṣbaḥnā wa-aṣbaḥ al-mūlku lillāhi rabb'il-'ālamīn, Allāhumma innī as-aluka khaīra hadha-al-yauma, fatḥahu, wa-naṣrahu, wa-nūrahu, wa-barakatahu, wa-hudāhu, wa-a'ūdhu bika min sharri mā fīhi, wa-sharri mā ba'dahu.

Traduction:

Nous avons atteint le matin, et à ce moment-là, toute la souveraineté appartient à Allah, le Seigneur des mondes. Ô Allah, je Te demande le bien de ce jour, ses triomphes et ses victoires, sa lumière, ses bénédictions et sa guidance, et je me réfugie en Toi contre le mal de ce jour et celui qui le suit.

Source: Abū Dāwūd 4:322

66. DOU’A POUR LA PROTECTION CONTRE LE MAL

أَعُوذُ بِكَلِمَاتِ اللَّهِ التَّامَّاتِ مِنْ شَرِّ مَا خَلَقَ.

A‘ūdhu bi-kalimāt-illāh it-tāmmati min sharri mā khalak

Traduction:

Je me réfugie dans les paroles parfaites d'Allah contre le mal qu'Il a créé.

Source: Musnad Aḥmad 2:290, Jām‘i at-Tirmidhī 3:187

67. DOU'A EN DÉSESPOIR DE CAUSE

رَبِّ إِنِّي لِمَا أَنزَلْتَ إِلَيَّ مِنْ خَيْرٍ فَقِيرٌ

Rabbi innī limā anzalta ilaīyya min khaīyrin faqīrun.

Traduction:

Mon Seigneur, j'ai besoin d'un bien, quel qu'il soit, que Tu fasses descendre sur moi.

Source: Sourate Al-Qaṣaṣ 28:24

68. DOU'A POUR LA PROTECTION PENDANT LE SOMMEIL

اَمْسَيْنَا وَاَمْسَ الْمُلْكُ لِلَّهِ وَالْحَمْدُ لِلَّهِ، لَا إِلَهَ إِلَّا اللَّهُ وَحْدَهُ لَا شَرِيكَ لَهُ، لَهُ الْمُلْكُ وَلَهُ الْحَمْدُ وَهُوَ عَلَى كُلِّ شَيْءٍ قَدِيرٌ، رَبِّ أَسْأَلُكَ خَيْرَ مَا فِيْ هَذِهِ اللَّيْلَةِ وَخَيْرَ مَا بَعْدَهَا، وَأَعُوْذُ بِكَ مِنْ شَرِّ مَا فِي هَذِهِ اللَّيْلَةِ وَشَرِّ ما بعدها، رَبِّ أَعُوْذُ بِكَ مِنَ الْكَسَلِ، وَسُوءِ الْكِبَرِ، رَبِّ أَعُوْذُ بِكَ مِنْ عَذَابٍ فِيْ النَّارِ وَعَذَابٍ فِيْ الْقَبْرِ.

Amsaīnā wa-amsal mulku lillāh wal-ḥamdu lillāh, lā ilaha illā allāhu, wa-aḥdahu lā sharīka lahu, lahu al-mūlku wa lahu al-ḥamd, wahu wa ʻala kulli shaīʻyin qadīr, rabbi as-aluka khaīra mā fī hadhi hil-laīylah, wa-khaīra mā baʻdahā, wa-aʻūdhu bika min sharri hadhi hil-laīyla, wa-sharri mā baʻdahā, rabbi aʻūdhu bika min al-kasal, wa-sū'il kibar, rabbi a ʻūdhu bika min ʻadhābi fī-nār, wa ʻadhāb-in fī'l-qabr.

Traduction:

Nous et tout le royaume d'Allah avons atteint le soir, et toute souveraineté et toute louange reviennent à Allah seul. Personne n'a le droit d'être adoré si ce n'est Allah. C'est à Lui que revient toute souveraineté et toute louange, et Il est tout-puissant sur toute chose.

Ô Seigneur, je Te demande le meilleur de cette nuit et le meilleur de ce qui va suivre, et je cherche refuge en Toi contre le mal de cette nuit et le mal de ce qui va suivre. Seigneur, je cherche auprès de Toi protection contre la paresse et la confusion. Seigneur, je cherche auprès de Toi protection contre le châtiment du feu et les tourments de la tombe.

Source: Ṣaḥiḥ Muslim 4:2088

69. DOU'A POUR LA GRATITUDE

اللَّهُمَّ مَا أَمْسَ بِي مِنْ نِعْمَةٍ أَوْ بِأَحَدٍ مِنْ خَلْقِكَ فَمِنْكَ وَحْدَكَ لَا شَرِيكَ لَكَ، فَلَكَ الْحَمْدُ وَلَكَ الشُّكْرُ.

Allāhumma mā amsa bī min ni'matin, auw bi-aḥadin min khalqika, fa-minka wa-ḥdaka lā sharīka laka, fa-la kal-ḥamdu wa laka sh-shūkr.

Traduction:

Ô Allah, toute bénédiction qui m'est parvenue ou qui est parvenue à l'une de Tes créatures vient de Toi seul. Ainsi, toutes les louanges vous sont dues et tous les remerciements vous sont dus.

Source: Abū Dāwūd 4:318

70. DOU'A POUR LE CONTENTEMENT DANS LA VIE

رَضِيتُ بِاللَّهِ رَبًّا، وَبِالْإِسْلَامِ دِيناً، وَبِمُحَمَّدٍ صَلَى اللهُ عَلِيهِ وَسَلَّمَ نَبِيّاً

Raḍitu billāhi rabban wa-bil-islāmi dīnān wa-bi-Muḥammadin (Ṣallal-lahu'alaīhi Wasallama) nabīyyan.

Traduction:

Je suis satisfait d'Allah en tant que Seigneur et de l'Islam en tant que religion et de Muhammad en tant que son prophète.

Source: Abū Dāwūd 4:318

71. DOU'A POUR CHAQUE STRESS ET MALHEUR DE CE MONDE

أَن لَّآ إِلَـٰهَ إِلَّآ أَنتَ سُبۡحَـٰنَكَ إِنِّى كُنتُ مِنَ ٱلظَّـٰلِمِينَ

An Lā ilāha illa Anta Subḥānaka innī Kuntu Mina Aẓ-Ẓālimīna

Traduction:

Il n'y a pas d'autre Dieu que Toi. Loué sois-tu ! Je suis certainement de ceux qui se sont trompés.

Source: Sourate Al 'Anbīyā' 21:87

72. DOU'A DANS LA DOULEUR ET LA MALADIE

اللَّهُمَّ لك الحمد و إليك المشتكى و أنت المستعان و بك المستغاث و عليك التكلان و لا حول و لا قوّة ألاّ بك.

Allāhumma laka al-hamdu wa ilayka al-mashtaka wa anta al-musta'aan wa bika al-mustaghaas wa 'alayka al-taklaan wa-lā ḥawla wa-lā qūwata illā bika.

Traduction:

Ô Allah, toute louange t'est due et c'est à Toi que nous adressons nos plaintes. C'est Toi qui aide et c'est en Toi que réside l'espoir de secours. On peut compter sur Toi et il n'y a de force et de puissance que par Toi.

Source: Ibn Taimiya

73. DOU'A POUR LES PEURS

بِسْمِ اللَّهِ الَّذِي لَا يَضُرُّ مَعَ اسْمِهِ شَيْءٌ فِي الْأَرْضِ وَلَا فِي السَّمَاءِ وَهُوَ السَّمِيعُ الْعَلِيمُ

Bismallāhi al-ladhī lā yaḍūrru ma'a-asmihi shaīy'un fī'l-arḍi wa lā fī as-samā'i wa hua as-samī'i-ul-'alīm.

Traduction:

Au nom d'Allah, par qui rien n'est fait sur terre ou dans les cieux. Il est l'omniprésent, l'omniscient.

Source: Abū Dāwūd 4:323

74. DOU'A DANS LA DOULEUR

أَعُوذُ بِعِزَّةِ اللَّهِ وَقُدْرَتِهِ مِنْ شَرِّ مَا أَجِدُ وَأُحَاذِرُ

A'ūdhu bi'izzatillāhi wa-qudratihi min sharri mā ajidu wa-ūḥādhiru

Traduction:

Je cherche refuge en Allah et en Sa puissance contre le mal qui m'afflige et contre ce que je crains.

Source: Ṣaḥiḥ Muslim

75. DOU'A EN CAS DE CALAMITÉ

رَبِّي أَنِّي مَسَّنِيَ الضُّرُّ وَأَنْتَ أَرْحَمُ الرَّاحِمِينَ

Rabbī annī massanī aḍ-ḍurru wa anta arḥamu-r ar-rāḥimīna

Traduction:

Mon Seigneur. En vérité, le malheur m'a touché, et Tu es le plus miséricordieux des miséricordieux.

Source: Sourate Al 'Anbīyā 21:83

76. DOU'A POUR LA GUÉRISON

رَبَّنَا اللَّهُ الَّذِي فِي السَّمَاءِ تَقَدَّسَ اسْمُكَ أَمْرُكَ فِي السَّمَاءِ وَالأَرْضِ كَمَا رَحْمَتُكَ فِي السَّمَاءِ فَاجْعَلْ رَحْمَتَكَ فِي الأَرْضِ اغْفِرْ لَنَا حُوبَنَا وَخَطَايَانَا أَنْتَ رَبُّ الطَّيِّبِينَ أَنْزِلْ رَحْمَةً مِنْ رَحْمَتِكَ وَشِفَاءً مِنْ شِفَائِكَ عَلَى هَذَا الْوَجَعِ فَيَبْرَأُ

Rabbanā Allāhul-ladhī fī as-samā'i taqaddasas-ismūka amrūka fī as-samā'i wa'l-arḍi kamā raḥmatuka fī as-samā'i fa-j'al raḥmataka fī'l-arḍi. ighfir lanā ḥūbanā wa-khaṭāyānā anta rabb-uṭ-ṭayyībīn anzil raḥmatan min raḥmatika wa-shifā'an min shifā'īka 'ala hadha'al waja'ī fa-yabra'ū

Traduction:

Ô notre Seigneur, Allah qui est dans les cieux, saint soit Ton nom, que Ta volonté soit faite dans les cieux et sur la terre ; comme Ta miséricorde est dans les cieux, accorde-la sur la terre. Pardonnez-nous nos péchés et nos mauvaises habitudes. Tu es le Seigneur du bien. Fais descendre de Ta part la miséricorde et les remèdes pour soigner cette douleur afin qu'elle soit guérie.

Source: Abū Dāwūd

77. DOU'A POUR LA PROTECTION CONTRE LA TROMPERIE

اللَّهُمَّ احْفَظْنِي مِنْ بَيْنِ يَدَيَّ ,وَمِنْ خَلْفِي ,وَعَنْ يَمِينِي ,وَعَنْ شِمَالِي وَمِنْ فَوْقِي ,وَأَعُوذُ بِعَظَمَتِكَ أَنْ أُغْتَالَ مِنْ تَحْتِي

Allāhumma ah-faẓnī min baīni yadaīya, wa-min khalfī, wa-'an yamīnī, wa-'an shimālī wa-min fawuqī, wa-a'ūdhu bi-'aẓmātika an ughtāla min taḥtī

Traduction:

Ô Allah, protège-moi de l'avant, de l'arrière, de la droite, de la gauche et du haut, et je cherche refuge dans Ta Gloire, de peur que je ne sois assailli par le bas.

Source: Sunan Ibn Mājah

78. DOU'A POUR LA PROTECTION CONTRE SATAN (DIABLE)

رَّبِّ أَعُوذُ بِكَ مِنۡ هَمَزَٰتِ ٱلشَّيَٰطِينِ وَأَعُوذُ بِكَ رَبِّ أَن يَحۡضُرُونِ

Rabbi a'ūdhu-bika min hamazāt as-shaīyātīn wa-a'ūdhu bika rabi an yaḥḍurūn.

Traduction:

Ô Seigneur ! Je cherche en Toi un refuge contre les murmures de Shaitan (diable). Et je cherche refuge auprès de Toi, mon Seigneur, de peur qu'ils ne s'approchent de moi.

Source: Sourate Al-Mu'minūn 23:97-98

79. DOU'A POUR LA PROTECTION DE LA SANTÉ PHYSIQUE ET MENTALE

اللَّهُمَّ إِنِّي أَعُوذُ بِكَ مِنَ الْبَرَصِ، وَالْجُنُونِ، وَالْجُذَامِ، وَمِنْ سَيِّئِ الأَسْقَامِ

Allāhumma innī a'ūdhu-bika min-al baraṣi, wal-jūnūni wal-jūdhām, wa-min saīyyī'il-asqām

Traduction:

Ô Allah, je cherche refuge en Toi contre la lèpre, la folie, l'éléphantiasis et les mauvaises maladies.

Source: Abū Dāwūd

80. DOU'A POUR LES ENFANTS VERTUEUX

رَبِّ هَبْ لِي مِنَ الصَّالِحِينَ

Rabbi hab lī min aṣ-ṣāliḥīna

Traduction:

Mon Seigneur ! Bénissez-moi avec une progéniture juste.

Source: Sourate As-Ṣaffāt, 37:100

81. DOU'A POUR L'APPRENTISSAGE ET L'ÉDUCATION

رَبِّ زِدنِي عِلمًا

Rabbi zidnī ʻilmā.

Traduction:

Ô Allah, augmente mon savoir !

Source: Sourate Ṭaha, 20:114

82. DOU'A POUR UNE ÂME PURE

اللَّهُمَّ إِنِّي أَعُوذُ بِكَ مِنْ عِلْمٍ لاَ يَنْفَعُ, وَمِنْ دُعَاءٍ لاَ يُسْمَعُ, وَمَنْ قَلْبٍ
لاَ يَخْشَعُ, وَمِنْ نَفْسٍ لاَ تَشْبَعُ

Allāhumma innī a'ūdhu-bika min 'ilmin lā yanfa'ū, wa-min dou'ā-in lā yusma'ū, wa-min qalbin lā yakhsha'ū, wa-min nafsin lā tashba'ū.

Traduction:

Ô Allah, je cherche refuge auprès de Toi contre une connaissance qui ne sert à rien, contre une supplication qui n'est pas exaucée, contre un cœur qui ne te craint pas, et contre une âme qui ne se rassasie jamais.

Source: Sunan Ibn Mājah

83. DOU'A POUR LA FOURNITURE (RIZQ)

ٱللَّهُمَّ رَبَّنَآ أَنزِلْ عَلَيْنَا مَآئِدَةً مِّنَ ٱلسَّمَآءِ تَكُونُ لَنَا عِيدًا لِّأَوَّلِنَا وَءَاخِرِنَا وَءَايَةً مِّنكَ ۖ وَٱرْزُقْنَا وَأَنتَ خَيْرُ ٱلرَّٰزِقِينَ

Allāhumma rabbana anzil ʿalaynā māʾidatam minas-samāʾi takūnu lanā ʿīdan li-awwalinā wa-ākhirinā wa-āyatan minka wa-arzuqnā wa-anta khayrur-raẓiqīn.

Traduction:

Ô Allah, notre Seigneur, fais descendre du ciel sur nous une table servie qui soit une fête pour nous, pour le premier d'entre nous, comme pour le dernier, ainsi qu'un signe de Ta part. Nourris-nous: Tu es le meilleur des nourrisseurs.

Source: Sourate Al-Maidah 5:114

84. DOU'A POUR PRENDRE DE BONNES DÉCISIONS

رَبَّنَا آتِنَا مِن لَّدُنكَ رَحْمَةً وَهَيِّئْ لَنَا مِنْ أَمْرِنَا رَشَدًا

Rabbanā ātinā mil-ladūnka raḥmatan wa-hayyī' lanā min amrina rashadā

Traduction:

Notre Seigneur, accorde-nous ta miséricorde et prépare un chemin pour notre cause.

Source: Sourate Al-Kahf, 18:10

85. DOU'A POUR DES ÉTUDES RÉUSSIES

اَللّٰهُمَّ انْفَعْنِي بِمَا عَلَّمْتَنِي وَعَلِّمْنِي مَا يَنْفَعُنِي وَزِدْنِي عِلْمًا

Allāhuma anfa'nī bimā 'allamtanī, wa 'allimnī mā yanfa'unī, wa-zidnī 'ilmā

Traduction:

Ô Allah ! Accorde-moi le bénéfice de ce que Tu m'as enseigné, enseigne-moi des connaissances utiles et augmente mes connaissances.

Source: Jām'i at-Tirmidhī

86. DOU’A POUR LES EXAMENS

اللَّهُمَّ لَا سَهْلَ إِلاَّ مَا جَعَلْتَهُ سَهْلاً، وأَنْتَ تَجْعَلُ الحَزْنَ إِذَا شِئْتَ سَهْلاً

Allāhumma lā sahla illā mā ja‘altahu sahlān, wa-anta taj‘al ul-ḥazna idhā shi’ta sahlā.

Traduction:

Ô Allah. Rien n'est facile, sauf ce que Tu as rendu facile. Si Tu le veux, Tu peux rendre facile ce qui est difficile.

Source: Ṣaḥiḥ Ibn Ḥibbān

87. DOU'A POUR ATTEINDRE UN BON CARACTÈRE

اللَّهُمَّ إِنِّي أَعُوذُ بِكَ مِنْ مُنْكَرَاتِ الأَخْلاَقِ، وَالأَعْمَالِ، وَالأَهْوَاءِ

Allāhumma innī a'ūdhu-bika min munkarāt-il akhlāq, wal-'āmāl, wal-ahwa'

Traduction:

Ô Allah ! Je cherche en Toi le refuge contre les comportements, les actes et les buts indésirables.

Source: Jām'i at-Tirmidhī

88. DOU'A POUR LE SUCCÈS DES AFFAIRES

اللَّهُمَّ إِنِّي أَسْأَلُكَ عِلْمًا نَافِعًا وَرِزْقًا طَيِّبًا وَ عَمَلاً مُتَقَبَّلاً

Allāhumma innī as-aluka 'ilmān nāfi'an, wa-rizqan ṭayyīban, wa-'amalan mutaqabbalan

Traduction:

Ô Allah, je Te demande des connaissances utiles, de bonnes dispositions et de bonnes actions.

Source: Sunan Ibn Mājah 925

89. DOU'A POUR LE SOUTIEN D'ALLAH

رَبِّ أَعِنِّي وَلَا تُعِنْ عَلَيَّ، وَانْصُرْنِي وَلَا تَنْصُرْ عَلَيَّ، وَامْكُرْ لِي وَلَا تَمْكُرْ عَلَيَّ، وَاهْدِنِي وَيَسِّرِ الهُدَى إِلَيَّ، وَانْصُرْنِي عَلَى مَنْ بَغَى عَلَيَّ

Rabbi ʻĀinnī wa lā tuʻin ʻalayya, wan-Ṣurnī wa-lā tanṣur ʻalayya, wam-kūr-lī wa-lā tamkūr ʻalayya, wahdinī wa-yassiri-l al-Huda' ilaīyya, wan-Ṣurnī ʻala man Bagha ʻalayya.

Traduction:

Mon Seigneur, aide-moi et ne m'aide pas contre moi, accorde-moi la victoire et n'accorde pas la victoire sur moi, planifie pour moi et ne planifie pas contre moi, guide-moi et facilite mon orientation, accorde-moi la victoire sur ceux qui transgressent contre moi.

Source: Jāmʻi at-Tirmidhī

90. DOU'A POUR UN AVENIR RÉUSSI

رَبِّي هَبْ لِي حُكْماً و أَلحِقْني بِالصَّالِحِينَ، وَاجْعَل لِي لِسَانَ صِدْقٍ
فِي الآخِرِينَ، وَ اجْعَلْنِي مِنْ وَرَثَةِ جَنَّةِ النَّعِيم

Rabbi hab lī ḥukmān wa-alḥiqnī biṣāliḥīna wa aj'al lī lisāna ṣidqin fī-al-'ākhirīna wa-aj'alnī min-warathati jannati an-na'īm

Traduction:

Mon Seigneur, accorde-moi la sagesse et fais de moi un des justes, et donne-moi une langue de vérité envers les autres, et fais de moi un héritier du Jardin de la Félicité.

Source: Sourate Ash-Shū'ara, 26:83-85

91. DOU'A POUR UNE BONNE FAMILLE ET UN MARIAGE RÉUSSI

رَبَّنَا هَبْ لَنَا مِنْ أَزْوَٰجِنَا وَذُرِّيَّٰتِنَا قُرَّةَ أَعْيُنٍ وَٱجْعَلْنَا لِلْمُتَّقِينَ إِمَامًا

Rabbanā habb lanā min azwājinā wa-dhurīy-yātinā qurrata ‘āyuūnin wa-j‘alnā lil-muttaqīna imāman.

Traduction:

Notre Seigneur ! Bénissez-nous en nous donnant des époux et des enfants qui font les délices de nos cœurs, et faites de nous des modèles pour les justes.

Source: Sourate Al Fūrqāne, 25:74

92. DOU'A POUR LE SUCCÈS ET LA VICTOIRE DANS LA VIE

اللهُمَّ اجْعَلْنَا مُفْلِحِينَ

Allāhumma a-ja'alnā mūfliḥīna

Traduction:

Ô Allah, fais de nous des gens qui réussissent.

Source: Sunan An-Nasā'ī

93. DOU'A POUR UNE VIE RÉUSSIE

اللَّهُمَّ اجْعَل خَيْرَ عُمُرِي آخِرُهُ و خَيْرَ عَمَلِي خَوَاتِمَهُ وَ اجْعَلْ خَيْرَ أيَّامِي يَوْمَ أَلْقَاكَ

Allāhumma ja'al khaīyra 'ūmrī ākhirahu wa-khaīyra 'amalī khawātimahu wa-j'al Khaīra ayyāmī yauma alqāka

Traduction:

Ô Allah, fais que la meilleure partie de ma vie soit la dernière, que le meilleur acte soit mon dernier, et que le meilleur jour soit celui où je Te rencontre.

Source: Sunan An-Nasā'ī

94. DOU'A SUR LE REPENTIR

رَبَّنَآ إِنَّنَآ اٰمَنَّا فَاغْفِرْ لَنَا ذُنُوْبَنَا وَقِنَا عَذَابَ النَّارِ

Rabbanā innanā āmannā fa-aghfir lanā dhūnubanā wa-qinnā 'adhāb an-nār

Traduction:

Ô Seigneur ! Nous avons vraiment cru, alors pardonne-nous nos péchés et sauve-nous du châtiment du feu.

Source: Sourate Al-i'Imran, 3:16

95. DOU'A APRÈS WUDU (ABLUTION AVANT LA PRIÈRE)

اللَّهُمَّ اجْعَلْنِي مِنَ التَّوَّابِينَ وَاجْعَلْنِي مِنَ الْمُتَطَهِّرِينَ

Allāhumma aj'alnī mina at-tawwābīna wāj'alnī mina al-mūtaṭahirīna.

Traduction:

Ô Allah ! Fais-moi partie de ceux qui se repentent et de ceux qui se purifient.

Source: Jami' At-Tirmidhī

96. DOU'A POUR LES REPENTIS

رَبَّنَا وَسِعْتَ كُلَّ شَيْءٍ رَّحْمَةً وَعِلْمًا فَاغْفِرْ لِلَّذِينَ تَابُوا وَاتَّبَعُوا
سَبِيلَكَ وَقِهِمْ عَذَابَ الْجَحِيمِ

Rabbana wasi'at kulla shaī'in r-raḥmatan wa-'ilmān faghfir lil-ladhīna tābū wat-taba'ū sabīlaka wa-qihim 'adhāb al-Jaḥīm

Traduction:

Notre Seigneur, Tu englobes toutes choses dans la miséricorde et la connaissance. Pardonne donc à ceux qui se sont repentis et ont suivi Ton chemin, et sauve-les du châtiment du feu de l'enfer.

Source: Sourate Ghāfir - 40:7

97. DOU'A AVANT DE DORMIR

بِاسْمِكَ رَبِّي وَضَعْتُ جَنْبِي، وَبِكَ أَرْفَعُهُ، فَإِنْ أَمْسَكْتَ نَفْسِي فَارْحَمْهَا، وَإِنْ أَرْسَلْتَهَا فَاحْفَظْهَا، بِمَا تَحْفَظُ بِهِ عِبَادَكَ الصَّالِحِينَ.

Bismika rabbī waḍ'atu janbī wa-bika arfa'ūhu, fā-in amsakta nafsī far-ḥamhā, wa-in arsaltahā fa-ḥfaẓhā bi-mā taḥfaẓu bi-hi 'ībādaka aṣ-ṣaliḥīn

Traduction:

En ton nom, mon Seigneur, je me couche, et en ton nom je me lève. Si Vous prenez mon âme, ayez pitié d'elle, et si Vous la rendez, protégez-la comme Vous le faites avec Vos justes serviteurs.

Source: al-Boukhārī 11:126

98. DOU'A POUR L'ORIENTATION ET LA SATISFACTION

اللَّهُمَّ إِنِّي أَسْأَلُكَ الْهُدَى، وَالتُّقَى، وَالْعَفَافَ، وَالْغِنَى

Allāhumma innī As-aluka al-huda' waltuqa', wal 'Afāfa wal-Ghina'

Traduction:

Ô Allah ! Je Vous demande la direction, la piété, la chasteté et le contentement.

Source: Ṣaḥiḥ Muslim

99. DOU'A POUR UN DÉFUNT

اللهُمّ اغْفِرْ لِـفُلاَنٍ (باسمه) وَارْفَعْ دَرَجَتَهُ فِي المَهْدِيّينَ
وَاخْلُفْهُ في عَقِبِهِ في الغَابِرِينَ، وَاغْفِرْ لَنَا وَلَهُ يا رَبَّ العَالَمين،
وَافْسَحْ لَهُ في قَبْرِهِ وَنَوّرْ لَهُ فِيهِ

Allāhumma aghfir li [nom de la personne] warfa' darajatahu fīl-mahdiyyīna, wakhlūfhu fī 'aqibihi fī al-ghābirīna, wa-aghfir-lanā wa-lahu yā Rabb al-'ālamīna, wa-fasaḥ lahu fī qabrihi wa-nawwir lahu fīhi.

Traduction:

Ô Allah, pardonne à [nom de la personne] et élève son statut parmi les vertueux. Envoie-le sur le chemin de ceux qui l'ont précédé, et pardonne lui, Seigneur des mondes. Élargis pour lui sa tombe et fais que la lumière y tombe sur lui.

Source: Ṣaḥiḥ Muslim 2:634

BONUS AUDIO

Pour les débutants en arabe, il est recommandé de ne pas seulement lire les dou'as, mais aussi de les faire prononcer par un locuteur natif. Sur ma chaîne YouTube "99 Douas", vous trouverez chaque fois 10 Dou'as prononcés à la suite (par exemple "Doua n° 21 à 30", "Doua n° 21 à 30", etc.). Vous entendrez la prononciation des du'as en arabe fus'ha, également connu sous le nom d'arabe moderne standard.

Vous commencez par le chanson islamique (nachid) « Subhanallah ». A la fin, vous écoutez la prière «Salat Ibrahimiya »pour demander la bénédiction du prophète Mohammed (ﷺ).

https://www.youtube.com/@99douas

Je vous souhaite beaucoup de plaisir et de succès.

Salah Moujahed

MENTIONS LÉGALES

Author:	Salah Moujahed
Publisher:	BAAB Publishing
Cover Design:	Verena Schmitz
Editing:	Hassan Mehmood
Print:	Amazon

c/o BAAB Ltd

59 Mere Road ; B23 7LL Birmingham; United Kingdom

salah@muslimnotebooks.com

Manufactured by Amazon.ca
Acheson, AB

10361913R00065